Gesetz über die Errichtung einer Bundesanstalt für den Digitalfunk der Behörden und Organisationen mit Sicherheitsaufgaben (BDBOS-Gesetz - BDBOSG)

Outlook

Gesetz über die Errichtung einer Bundesanstalt für den Digitalfunk der Behörden und Organisationen mit Sicherheitsaufgaben (BDBOS-Gesetz - BDBOSG)

1. Auflage | ISBN: 978-3-95521-784-6

Erscheinungsort: Paderborn, Deutschland

Outlook Verlag GmbH, Paderborn.

Text des Gesetz über die Errichtung einer Bundesanstalt für den Digitalfunk der Behörden und Organisationen mit Sicherheitsaufgaben (BDBOS-Gesetz - BDBOSG).

Gesetz über die Errichtung einer Bundesanstalt für den Digitalfunk der Behörden und Organisationen mit Sicherheitsaufgaben (BDBOS-Gesetz - BDBOSG)

BDBOSG

Ausfertigungsdatum: 28.08.2006

Vollzitat:

"BDBOS-Gesetz vom 28. August 2006 (BGBl. I S. 2039), das zuletzt durch Artikel 1 des Gesetzes vom 29. Juli 2009 (BGBl. I S. 2251) geändert worden ist"

Stand: Zuletzt geändert durch Art. 1 G v. 29.7.2009 I 2251

Eingangsformel

Der Bundestag hat mit Zustimmung des Bundesrates das folgende Gesetz beschlossen:

§ 1 Errichtung, Zweck, Sitz

(1) Im Geschäftsbereich des Bundesministeriums des Innern wird eine bundesunmittelbare rechtsfähige Anstalt des öffentlichen Rechts (Bundesanstalt) errichtet. Sie trägt die Bezeichnung "Bundesanstalt für den Digitalfunk der Behörden und Organisationen mit Sicherheitsaufgaben" (Bundesanstalt für den Digitalfunk der BOS - BDBOS). Der Zweck der Bundesanstalt ist der Aufbau und der Betrieb eines bundesweit einheitlichen digitalen Sprech- und Datenfunksystems für Behörden und Organisationen mit Sicherheitsaufgaben (Digitalfunk BOS) in der Bundesrepublik Deutschland.
(2) Die Bundesanstalt hat ihren Sitz in Berlin.

§ 2 Aufgabe, Nutzer der Bundesanstalt

(1) Die Bundesanstalt hat die Aufgaben, den Digitalfunk der Behörden und Organisationen mit Sicherheitsaufgaben (Digitalfunk BOS) aufzubauen, zu betreiben und seine Funktionsfähigkeit sicherzustellen. Sie nimmt ihre Aufgaben nur im öffentlichen Interesse wahr. Der Digitalfunk BOS soll den Behörden und Organisationen mit Sicherheitsaufgaben des Bundes zur Verfügung stehen sowie, nach Maßgabe des Verwaltungsabkommens nach § 7, den Behörden und Organisationen mit Sicherheitsaufgaben in den Ländern. Die Richtlinie

1

nach § 57 Abs. 4 Satz 1 Nr. 2 des Telekommunikationsgesetzes legt die zur Teilnahme am Digitalfunk BOS berechtigten Behörden und Organisationen mit Sicherheitsaufgaben (Nutzer) fest.

(2) Die Bundesanstalt ist nach Maßgabe des Verwaltungsabkommens nach § 7 gemeinsame Vergabestelle des Bundes und der Länder für den Digitalfunk BOS.

(3) Die Bundesanstalt kann Unternehmen mit dem Aufbau und dem Betrieb des Digitalfunk BOS betrauen.

(4) Das Bundesministerium des Innern kann durch Rechtsverordnung mit Zustimmung des Bundesrates Regelungen über die Beschränkung der Haftung von beauftragten Unternehmen gegenüber Dritten aufgrund der Beeinträchtigung der Dienstgüte des Digitalfunk BOS treffen.

§ 3 Organe

(1) Organe der Bundesanstalt sind die Präsidentin oder der Präsident und der Verwaltungsrat.

(2) Aufgaben und Befugnisse der Organe bestimmt die Satzung, soweit sie nicht durch dieses Gesetz geregelt sind.

§ 4 Präsidentin oder Präsident

(1) Die Präsidentin oder der Präsident führt die Geschäfte der Bundesanstalt in eigener Verantwortung nach Maßgabe dieses Gesetzes und der Satzung. Sie oder er vollzieht die Beschlüsse des Verwaltungsrats und vertritt die Bundesanstalt gerichtlich und außergerichtlich.

(2) Die Präsidentin oder der Präsident wird für die Dauer von fünf Jahren zur Beamtin auf Zeit oder zum Beamten auf Zeit ernannt. Wiederholte Ernennungen sind möglich.

(3) Die Präsidentin oder der Präsident hat eine ständige Vertreterin (Vizepräsidentin) oder einen ständigen Vertreter (Vizepräsident).

§ 5 Verwaltungsrat

(1) Bei der Bundesanstalt wird ein Verwaltungsrat gebildet. Er überwacht die Geschäftsführung durch die Präsidentin oder den Präsidenten und unterstützt diese oder diesen bei der Erfüllung ihrer oder seiner Aufgaben. Ihm obliegt die Entscheidung über die grundsätzlichen Angelegenheiten der Bundesanstalt. Näheres regelt die Satzung. Die Präsidentin oder der Präsident hat den Verwaltungsrat regelmäßig über die Geschäftsführung zu unterrichten.

(2) Der Verwaltungsrat gibt sich eine Geschäftsordnung.

(3) Der Bund und jedes Land erhalten jeweils einen Sitz im Verwaltungsrat. Den Vorsitz im Verwaltungsrat hat das den Bund vertretende Mitglied. Die Stimmverteilung im Verwaltungsrat regelt die Satzung. Die Beschlüsse des Verwaltungsrats bedürfen in den in der Satzung vorgesehenen Fällen der Zustimmung des den Bund vertretenden Mitglieds.

(4) Die Mitglieder des Verwaltungsrats und ihre Vertreterinnen oder Vertreter werden durch das Bundesministerium des Innern auf die Dauer von vier Jahren bestellt. Wiederholte Bestellungen sind möglich. Für die Mitglieder der Länder und deren Vertreterinnen oder Vertreter hat das jeweilige Land das Recht zur Benennung nach Maßgabe des Verwaltungsabkommens nach § 7. Die Mitglieder des Verwaltungsrats und ihre

Vertreterinnen oder Vertreter müssen die Voraussetzungen für die Wählbarkeit zum Deutschen Bundestag erfüllen.

(5) Die Mitglieder und ihre Vertreterinnen oder Vertreter können durch schriftliche Erklärung gegenüber dem Bundesministerium des Innern ihr Amt niederlegen. Eine Abberufung von Mitgliedern durch das Bundesministerium des Innern erfolgt, wenn die Voraussetzungen der Bestellung nicht mehr vorliegen; die Abberufung bedarf bei einem von einem Land benannten Mitglied des Einvernehmens des benennenden Landes. Satz 2 gilt entsprechend für die Vertreterin oder den Vertreter eines Mitglieds.

(6) Scheidet ein Mitglied, eine Vertreterin oder ein Vertreter aus, so ist unverzüglich eine Nachfolgerin oder ein Nachfolger zu bestellen. Hierfür gelten die Absätze 4 und 5 entsprechend.

§ 6 Satzung

(1) Die Bundesanstalt gibt sich eine Satzung. Die Satzung wird durch den Verwaltungsrat erlassen. Sie bedarf der Genehmigung des Bundesministeriums des Innern und wird im Gemeinsamen Ministerialblatt veröffentlicht.

(2) In die Satzung sind insbesondere Bestimmungen aufzunehmen über
1. die Organisation der Bundesanstalt,
2. die Aufgaben und Befugnisse der Präsidentin oder des Präsidenten sowie der Vizepräsidentin oder des Vizepräsidenten,
3. die Aufgaben und Befugnisse des Verwaltungsrats und seiner Mitglieder sowie über die Stimmverteilung im Verwaltungsrat,
4. die Wirtschaftsführung einschließlich Buchführung und Rechnungslegung.
Die Satzung darf nicht von den Vorgaben des Verwaltungsabkommens nach § 7 abweichen. § 109 Abs. 2 Satz 2 der Bundeshaushaltsordnung ist anzuwenden.

§ 7 Verwaltungsabkommen

Die Beteiligung der Länder am Digitalfunk BOS wird in einem Verwaltungsabkommen zwischen Bund und Ländern geregelt. Hierbei sollen insbesondere Bestimmungen getroffen werden über
1. die Grundsätze der Zusammenarbeit von Bund und Ländern,
2. die Beteiligung der Länder am Aufbau und Betrieb des Digitalfunk BOS, insbesondere über den Verwaltungsrat,
3. die Einzelheiten der Finanzierung des Digitalfunk BOS sowie zum Zweckvermögen und zur Finanzierung der Bundesanstalt (§ 9).

§ 8 Aufsicht

Die Bundesanstalt untersteht der Aufsicht des Bundesministeriums des Innern.

§ 9 Zweckvermögen, Finanzierung

Zur Wahrnehmung für die ihr nach § 2 übertragenen Aufgaben bildet die Bundesanstalt ein Zweckvermögen. Die Bundesanstalt deckt ihren Aufwand anteilig durch Mittel von Bund und Ländern. Die Einzelheiten regelt das Verwaltungsabkommen nach § 7.

§ 10 Wirtschaftsplan, mittelfristige Planung

(1) Die Präsidentin oder der Präsident stellt bis zum 31. Oktober eines jeden Jahres einen Wirtschaftsplan für das folgende Geschäftsjahr auf, der
- einen Erfolgsplan,
- einen Investitions- und Finanzplan,
- eine Übersicht über die Planstellen und Stellen sowie
- eine Überleitungsrechnung auf Einnahmen und Ausgaben
umfasst. Zusammen mit dem Wirtschaftsplan stellt die Präsidentin oder der Präsident eine mittelfristige Planung (Erfolgs-, Investitions- und Finanzierungsvorschau) auf, die das Planjahr und mindestens drei darauf folgende Geschäftsjahre umfasst. Geschäftsjahr ist das Kalenderjahr. Die näheren Einzelheiten regelt die Satzung.
(2) Die Präsidentin oder der Präsident legt dem Verwaltungsrat den Wirtschaftsplan und die mittelfristige Planung unverzüglich vor. Der Wirtschaftsplan wird vom Verwaltungsrat festgestellt. Er bedarf der Genehmigung des Bundesministeriums des Innern im Einvernehmen mit dem Bundesministerium der Finanzen.

§ 11 Buchführung, Jahresabschluss

(1) Die Bundesanstalt bucht nach den Regeln der kaufmännischen Buchführung.
(2) Die Präsidentin oder der Präsident der Bundesanstalt stellt nach Abschluss des Geschäftsjahres einen Jahresabschluss und einen Lagebericht nach handelsrechtlichen Grundsätzen für große Kapitalgesellschaften auf und legt diese zur Abschlussprüfung vor.
(3) Der Verwaltungsrat stellt den Jahresabschluss fest und entscheidet über die Entlastung der Präsidentin oder des Präsidenten nach § 109 Abs. 3 Satz 2 der Bundeshaushaltsordnung.
(4) Näheres regelt die Satzung. § 109 Abs. 2 Satz 3 und 4 der Bundeshaushaltsordnung ist anzuwenden.

§ 12 Rechnungsprüfung, Anwendung des Haushaltsrechts

(1) Für das Prüfungsrecht des Bundesrechnungshofes gilt § 111 Abs. 1 der Bundeshaushaltsordnung.
(2) Die §§ 7, 9 und 24 der Bundeshaushaltsordnung sowie die Vorschriften des Teils III der Bundeshaushaltsordnung gelten entsprechend mit Ausnahme der §§ 38 und 45 sowie der Bestimmungen, die eine Buchung nach Einnahmen und Ausgaben voraussetzen.
(3) Die Bundesanstalt ist berechtigt, zur Durchführung ihrer Aufgaben Forderungen gegen Dritte zu verkaufen, sofern der Schuldner für sämtliche anfallenden Abschläge und Kosten einsteht. Die Bundesanstalt ist zur Aufnahme von Darlehen nicht berechtigt.
(4) Das Bundesministerium des Innern wird ermächtigt, im Einvernehmen mit dem Bundesministerium der Finanzen weitere Ausnahmen von der Anwendung der Vorschriften

der Bundeshaushaltsordnung mit Einwilligung des Haushaltsausschusses des Deutschen Bundestags zuzulassen.

§ 13 Beamtinnen und Beamte

(1) Die Bundesanstalt besitzt Dienstherrnfähigkeit nach § 2 des Bundesbeamtengesetzes.
(2) Die Bundesanstalt kann mit Zustimmung des Bundesministeriums des Innern ihre Befugnisse und Zuständigkeiten einschließlich der Entscheidung über Rechtsbehelfe auf den Gebieten der Besoldung, Beihilfe, Versorgung, Reise- und Umzugskosten, Trennungsgeld sowie die damit verbundene automatisierte Verarbeitung personenbezogener Daten ganz oder teilweise gegen Erstattung der Verwaltungskosten auf Behörden in den Geschäftsbereichen der Bundesministerien übertragen. Die Übertragung ist im Gemeinsamen Ministerialblatt bekannt zu machen.

§ 14 Arbeitnehmerinnen und Arbeitnehmer, Auszubildende

Auf die Arbeitnehmerinnen, Arbeitnehmer und Auszubildenden der Bundesanstalt sind die für Arbeitnehmerinnen, Arbeitnehmer und Auszubildende des Bundes jeweils geltenden Tarifverträge und sonstigen Bestimmungen anzuwenden. § 13 Abs. 2 findet entsprechende Anwendung.

§ 15 Abwehr netzspezifischer Gefahren, Überwachung

(1) Soweit es der Schutz der Funktionsfähigkeit und des laufenden Betriebs des Digitalfunk BOS dringend erfordert, ist die Präsidentin oder der Präsident befugt, die im Einzelfall zur Abwehr von Gefahren für den Digitalfunk BOS erforderlichen netz- und betriebsbezogenen Anordnungen zu treffen. Insbesondere kann die Präsidentin oder der Präsident der Bundesanstalt
1. Beschäftigten der Bundesanstalt den Zugang zu Gebäuden, Einrichtungen und Computersystemen verschaffen, die für den Betrieb des Netzes von Bedeutung sind,
2. die Steuerung solcher Systeme übernehmen,
3. Dritte von dem Zugang zu Gebäuden, Einrichtungen und Computersystemen oder von der Steuerung solcher Systeme ausschließen.
Die Umsetzung der Anordnung nach Satz 1 erfolgt auf Ersuchen der Präsidentin oder des Präsidenten durch die zuständige Polizei- oder Ordnungsbehörde. Ein generelles Ersuchen ist zulässig. Die Voraussetzungen für ein Tätigwerden werden in diesem Fall durch vorherige Vereinbarung festgelegt. Die sonstigen Vorschriften und Grundsätze der Amts- und Vollzugshilfe bleiben unberührt.
(2) Anordnungen nach Absatz 1 müssen auf den Zeitraum beschränkt werden, in dem die Gefahr andauert. Im Übrigen gelten die §§ 15 bis 20 des Bundespolizeigesetzes entsprechend.
(3) Erleidet jemand infolge einer rechtmäßigen Anordnung nach Absatz 1 einen Schaden an seinem Eigentum, so ist ihm ein angemessener Ausgleich zu gewähren, soweit er den Schaden nicht durch ein Tun oder Unterlassen zu verantworten hat.
(4) Die Bundesanstalt ist befugt, die Sicherheit des Digitalfunk BOS und seiner Komponenten zu überprüfen. Sie kann hierzu die notwendigen Auskünfte, insbesondere auch zu technischen Details, verlangen sowie Unterlagen und Datenträger des Betreibers oder eines mit Betriebsleistungen beauftragten Dritten einsehen und hiervon Abschriften, Auszüge,

Ausdrucke oder Kopien, auch von Datenträgern, anfertigen oder Ausdrucke von elektronisch gespeicherten Daten verlangen, Grundstücke und Betriebsräume betreten und Einrichtungen besichtigen, die für den Digitalfunk BOS verwendet werden.

(5) Die Grundrechte der körperlichen Unversehrtheit (Artikel 2 Abs. 2 Satz 1 des Grundgesetzes), der Freiheit der Person (Artikel 2 Abs. 2 Satz 2 des Grundgesetzes) und die Unverletzlichkeit der Wohnung (Artikel 13 des Grundgesetzes) werden durch die vorstehenden Absätze eingeschränkt.

§ 15a Zertifizierung von Endgeräten

(1) Im Digitalfunk BOS werden nur solche Endgeräte verwendet, die von der Bundesanstalt als hierfür geeignet zertifiziert worden sind. Die Bundesanstalt ist berechtigt, die erforderlichen Maßnahmen zu treffen, um die Nutzung des Digitalfunks BOS mittels nicht zertifizierter Endgeräte zu unterbinden. Die Bundesanstalt zertifiziert auf der Grundlage der entsprechend der Rechtsverordnung nach § 15b Absatz 1 veröffentlichten Leistungsmerkmale ein Endgerät als für den Digitalfunk BOS geeignet, wenn

1. es die zwingend erforderlichen Leistungsmerkmale einschließlich bestimmter elektromagnetischer und mechanischer Eigenschaften aufweist,
2. es einschließlich aller weiteren, optionalen Leistungsmerkmale, seines Zubehörs und der auf ihm installierten Anwendungen mit dem Digitalfunk BOS, insbesondere mit seinen Netzelementen und anderen Endgeräten, interoperabel und störungsfrei zu betreiben ist,
3. die Verwendung des Endgerätes nicht gegen andere öffentlich-rechtliche Vorschriften verstößt und
4. der Erteilung des Zertifikats keine überwiegenden öffentlichen Interessen, insbesondere sicherheitspolitische Belange der Bundesrepublik Deutschland, entgegenstehen.

(2) Die Bundesanstalt entscheidet auf schriftlichen Antrag des Herstellers oder Lieferanten eines Endgerätes über die Erteilung eines Zertifikats. Die Überprüfung der Einhaltung der Anforderungen nach Absatz 1 Satz 3 Nummer 1 und 2 soll durch eine sachverständige Prüfstelle aus einem Mitgliedstaat der Europäischen Union oder einem anderen Vertragsstaat des Abkommens über den Europäischen Wirtschaftsraum erfolgen. Sie wird vom Hersteller oder Lieferanten beauftragt und nimmt die Prüfung anhand der von der Bundesanstalt festgelegten und gemäß der Rechtsverordnung nach § 15b Absatz 1 veröffentlichten Prüfkriterien vor. Die Bundesanstalt kann die Prüfung auch selbst durchführen. Der Antragsteller legt der Bundesanstalt die für die Erteilung des Zertifikats erforderlichen Unterlagen, insbesondere den Prüfbericht der Prüfstelle, vor und erteilt die Auskünfte, die für die Erteilung des Zertifikats erforderlich sind. Der Antragsteller hat zwei Einzelstücke des zu zertifizierenden Endgerätes unentgeltlich bei der Bundesanstalt abzuliefern; im Fall der vollständigen Versagung des Zertifikats wird die Bundesanstalt eines der Einzelstücke an den Antragsteller zurückgeben. Das Zertifikat führt die Leistungsmerkmale und Anwendungen des Endgerätes auf, auf die sich das Zertifikat bezieht. Satz 6 findet keine Anwendung, wenn es sich bei dem zu zertifizierenden Endgerät um eine mobile oder stationäre Funkleitstelle handelt.

(3) Jede wesentliche Änderung eines bereits zertifizierten Endgerätes, insbesondere durch Änderung eines Leistungsmerkmals, macht eine erneute Zertifizierung erforderlich. Das Zertifikat kann sich in diesem Fall auf das geänderte Leistungsmerkmal oder die sonstigen, von der Änderung betroffenen Komponenten des Endgerätes beschränken. Es darf nur erteilt werden, wenn das Endgerät trotz der Veränderung auch weiterhin die Anforderungen nach Absatz 1 Satz 3 erfüllt. Änderungen eines bereits zertifizierten Endgerätes, die nach Auffassung des Herstellers oder Lieferanten unwesentlich sind und daher nicht der Zertifizierung nach Satz 1 bedürfen, sind der Bundesanstalt anzuzeigen. Die Bundesanstalt

entscheidet darüber, ob die angezeigten Änderungen unwesentlich sind. Eine angezeigte Änderung gilt als unwesentlich, wenn die Bundesanstalt nicht innerhalb einer Frist von drei Monaten nach Eingang der Anzeige eine abweichende Entscheidung trifft. Das Nähere über die Einstufung einer Änderung als wesentlich oder unwesentlich wird durch Rechtsverordnung nach § 15b Absatz 1 Satz 1 Nummer 4 geregelt.

(4) Auf Antrag kann die Bundesanstalt eine befristete und räumlich begrenzte Genehmigung zur Verwendung eines nicht zertifizierten Endgerätes im Digitalfunk BOS erteilen, wenn ein berechtigtes Interesse des Antragstellers besteht und die Belange des Digitalfunk BOS, insbesondere die Sicherstellung seiner Funktionsfähigkeit, dem nicht entgegenstehen. Die Genehmigung nach Satz 1 kann im Fall einer Störung oder Beeinträchtigung des Digitalfunk BOS widerrufen werden. Widerspruch und Anfechtungsklage gegen den Widerruf haben keine aufschiebende Wirkung.

(5) Abweichend von Absatz 1 Satz 1 dürfen Endgeräte bis zum Ablauf der in der Rechtsverordnung nach § 15b Absatz 1 Satz 1 Nummer 3 festgelegten Übergangsfrist auch ohne eine Zertifizierung im Digitalfunk BOS verwendet werden, es sei denn, ihre Verwendung ruft eine Störung des Digitalfunk BOS hervor. Wird durch die Verwendung der Digitalfunk BOS gestört, so ist die Bundesanstalt berechtigt, die erforderlichen Maßnahmen nach Absatz 1 Satz 2 zu treffen, um die weitere Nutzung der Endgeräte zu unterbinden.

§ 15b Erlass von Rechtsverordnungen; Widerspruchsgebühren

(1) Das Bundesministerium des Innern erlässt durch Rechtsverordnung Bestimmungen über die Einzelheiten des Zertifizierungsverfahrens und den Inhalt der Zertifikate nach § 15a Absatz 1 bis 3, insbesondere über
1. die Anforderungen an den Antrag, die Reihenfolge der Bearbeitung der Anträge, die Mitwirkungspflichten von Antragstellern und die Veröffentlichung erteilter Zertifikate,
2. die Form und die Voraussetzungen einer Veröffentlichung der von der Bundesanstalt vorgegebenen
    a) Leistungsmerkmale einschließlich der dazugehörigen Leistungsbeschreibungen, die sich auch auf die Bedienbarkeit beziehen können,
    b) Einstufung einzelner Leistungsmerkmale als zwingend erforderlich,
    c) weiteren Anforderungen nach § 15a Absatz 1 Satz 3 Nummer 2 sowie
    d) Prüfkriterien nach § 15a Absatz 2 Satz 3,
3. die Dauer der in § 15a Absatz 5 genannten Übergangsfrist; die Übergangsfrist endet spätestens am 31. Dezember 2011,
4. die Maßstäbe für die Einstufung einer Änderung eines bereits zertifizierten Endgerätes als wesentlich oder unwesentlich und die Einzelheiten der Anzeige nach § 15a Absatz 3 Satz 4.
Das Bundesministerium des Innern kann diese Ermächtigung durch Rechtsverordnung auf die Bundesanstalt übertragen.

(2) Für Amtshandlungen nach § 15 Absatz 1 und § 15a werden zur Deckung des Verwaltungsaufwands Gebühren und Auslagen erhoben. Das Bundesministerium des Innern wird ermächtigt, im Einvernehmen mit dem Bundesministerium der Finanzen durch Rechtsverordnung die gebührenpflichtigen Tatbestände, die Gebührensätze sowie die Auslagenerstattung zu bestimmen und dabei feste Sätze oder Rahmensätze vorzusehen. Die Auslagen können abweichend von § 10 des Verwaltungskostengesetzes bestimmt werden. Das Bundesministerium des Innern kann die Ermächtigung nach den Sätzen 2 und 3 durch Rechtsverordnung auf die Bundesanstalt übertragen.

(3) Die Rechtsverordnungen nach den Absätzen 1 und 2 bedürfen nicht der Zustimmung des Bundesrates.

(4) Für ein Vorverfahren werden Gebühren und Auslagen erhoben. Für die vollständige oder teilweise Zurückweisung eines Widerspruchs wird eine Gebühr bis zur Höhe der für die angefochtene Amtshandlung festgesetzten Gebühr erhoben. Wird ein Widerspruch nach Beginn seiner sachlichen Bearbeitung, jedoch vor deren Beendigung zurückgenommen, beträgt die Gebühr höchstens 75 Prozent der Widerspruchsgebühr. Über die Kosten nach den Sätzen 2 und 3 entscheidet die Widerspruchsstelle nach billigem Ermessen.

§ 15c Testplattform

(1) Zur Erfüllung ihrer Aufgaben nach § 2 kann die Bundesanstalt eine Testplattform unterhalten.
(2) Die Präsidentin oder der Präsident kann durch Satzung die Benutzung der Testplattform sowie die Gebühren hierfür regeln. Die §§ 2 bis 22 des Verwaltungskostengesetzes sind entsprechend anzuwenden. Die Gebühren sind so zu bemessen, dass der mit der Benutzung der Testplattform verbundene Personal- und Sachaufwand gedeckt wird. Die Satzung wird im Bundesanzeiger veröffentlicht.

§ 16 Internationale Zusammenarbeit

Für den Abschluss von Verwaltungsabkommen mit ausländischen Staaten über die Mitnutzung des Digitalfunk BOS ist das Bundesministerium des Innern zuständig. Solche Verwaltungsabkommen sollen das Prinzip der Gegenseitigkeit wahren und nur abgeschlossen werden, wenn das Recht zur Mitnutzung der entsprechenden Funkeinrichtungen des jeweils anderen Vertragsstaats sichergestellt ist.

§ 17 Abgabenfreiheit, Dienstsiegel, Sonstiges

(1) Die Bundesanstalt führt als Dienstsiegel das kleine Bundessiegel mit der Umschrift "Bundesanstalt für den Digitalfunk der BOS".
(2) Die Bundesanstalt ist öffentliche Behörde im Sinne des § 43 Abs. 1 der Grundbuchverfügung in der Fassung der Bekanntmachung vom 24. Januar 1995 (BGBl. I S. 114), die zuletzt durch die Verordnung vom 18. März 1999 (BGBl. I S. 497) geändert worden ist, in der jeweils geltenden Fassung.
(3) Die Bundesanstalt ist nach § 2 Abs. 1 des Gerichtskostengesetzes von der Zahlung der Gerichtskosten befreit.
(4) Ein Insolvenzverfahren über das Vermögen der Bundesanstalt ist nicht zulässig.
(5) Die Bundesanstalt kann nur durch Gesetz aufgelöst werden.

§ 18 Übergangsvorschriften

(1) Nach der Errichtung der Bundesanstalt finden innerhalb von sechs Monaten Wahlen zur Personalvertretung statt. Bis zur Konstituierung des Personalrates werden die Aufgaben der Personalvertretung bei der Bundesanstalt vom Hauptpersonalrat beim Bundesministerium des Innern wahrgenommen.
(2) Der Übergangspersonalrat bestellt unverzüglich den Vorstand für die Durchführung der Personalratswahlen in der Bundesanstalt.

(3) Die Absätze 1 und 2 gelten entsprechend für die Jugend- und Auszubildendenvertretung sowie die Schwerbehindertenvertretung.

(4) Nach Errichtung der Bundesanstalt findet innerhalb von sechs Monaten die Wahl der Gleichstellungsbeauftragten und ihrer Stellvertreterin statt. Bis zur Bestellung der Gleichstellungsbeauftragten und ihrer Stellvertreterin werden die Aufgaben von der Gleichstellungsbeauftragten des Bundesministeriums des Innern und ihrer Stellvertreterin wahrgenommen.

(5) Eine vorläufige Satzung für die Bundesanstalt erlässt das Bundesministerium des Innern durch Organisationserlass, der im Gemeinsamen Ministerialblatt veröffentlicht wird. Sie soll nur die zur Gewährleistung der Arbeitsfähigkeit der Bundesanstalt erforderlichen Regelungen enthalten. Für das restliche Geschäftsjahr, in dem dieses Gesetz in Kraft tritt, erlässt das Bundesministerium des Innern einen vorläufigen Wirtschaftsplan.

§ 19 Änderungen des Bundesbesoldungsgesetzes

-

§ 20 Inkrafttreten

Dieses Gesetz tritt am Tag nach der Verkündung in Kraft.

Lightning Source UK Ltd.
Milton Keynes UK
UKRC020238040619
343817UK00009B/106

* 9 7 8 3 9 5 5 2 1 7 8 4 6 *